走遍世界
很简单

ZOUBIAN SHIJIE HENJIANDAN

俄罗斯大探秘

ELUOSI DATANMI

知识达人 编著

成都地图出版社

图书在版编目（CIP）数据

俄罗斯大探秘 / 知识达人编著 . — 成都 : 成都地图出版社 , 2017.1（2021.10 重印）
（走遍世界很简单）
ISBN 978-7-5557-0302-0

Ⅰ . ①俄… Ⅱ . ①知… Ⅲ . ①俄罗斯—概况 Ⅳ . ① K951.2

中国版本图书馆 CIP 数据核字 (2016) 第 094288 号

走遍世界很简单——俄罗斯大探秘

责任编辑： 魏玲玲
封面设计： 纸上魔方

出版发行： 成都地图出版社
地　　址： 成都市龙泉驿区建设路 2 号
邮政编码： 610100
电　　话： 028 - 84884826（营销部）
传　　真： 028 - 84884820

印　　刷： 唐山富达印务有限公司
（如发现印装质量问题，影响阅读，请与印刷厂商联系调换）

开　本：	710mm × 1000mm　1/16		
印　张：	8	字　数：	160 千字
版　次：	2017 年 1 月第 1 版	印　次：	2021 年 10 月第 4 次印刷
书　号：	ISBN 978-7-5557-0302-0		
定　价：	38.00 元		

前　言

　　美丽的大千世界带给我们无限精彩的同时，也让我们产生很多疑问：世界上到底有多少个国家？美国到底在什么地方？为什么奥地利有那么多知名的音乐家？为什么丹麦被称为"童话之乡"？……相信这些问题经常会萦绕在小读者的脑海中。

　　为了解答这些问题，我们精心编写了这套《走遍世界很简单》系列丛书，里面蕴含了世界各国丰富的自然、地理、历史以及人文等社会科学知识，充满了趣味性和可读性，力求让小读者掌握最全面、最准确的知识。

　　本系列丛书人物对话生动有趣，文字浅显易懂，并配有精美的插图，是一套能开拓孩子视野、帮助孩子增长知识的丛书。现在，就让我们打开这套丛书，开始奇特的环球旅行吧！

大胡子叔叔

詹姆斯·肖，美国人，是位不折不扣的旅行家和探险家，足迹遍布世界各地。因为有着与肯德基爷爷一样浓密的胡子，所以被孩子们亲切地称为"大胡子叔叔"。

吉 米

10岁的美国男孩，跟随在大使馆工作的父母居住在中国，是大胡子叔叔的亲侄子。他活泼好动，古灵精怪，对世界充满好奇。

映 真

11岁的韩国男孩，他汉语说得不好，但英语说得很流利。他性格沉稳，遇事临危不乱。

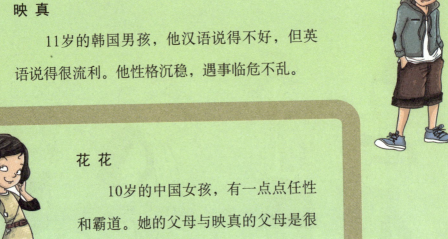

花 花

10岁的中国女孩，有一点点任性和霸道。她的父母与映真的父母是很要好的朋友。

目录

引言

　　这一站是俄罗斯，大胡子叔叔早早地就把孩子们都叫醒了。

　　"孩子们，太阳都晒着屁股了，快点醒醒吧！"大胡子叔叔使劲扯着嗓子喊道。孩子们听到喊声才懒洋洋地睁开了眼睛。

　　"大胡子叔叔，今天就让我们好好地睡一觉儿吧，过不了几天还得和你去走南闯北呢！"花花伸着小懒腰说道。

　　"不用等几天了，孩子们，机票我已经买好了，我们现在就

出发吧！"大胡子叔叔兴奋地说道。

"我们这次是去哪里呢？"还是映真冷静，淡淡地问道。

"这次我们要去一个很大很大的国家，那里的气候也很特别呢。"大胡子叔叔说道。

吉米这个淘气的孩子，还是他先着急了："到底是哪个国家啊，到底有多大，气候又怎么特别呢？"

"这个国家是世界上面积最大的国家，国土面积是1709.82万平方千米。地跨北寒带、亚寒带、北温带和亚热带四种气候带，各地气候千差万别。不过大部分地区属于温带大陆性气候，冬天漫长、干燥而寒冷，夏季短暂而温暖，春秋时

节转眼即逝，气温年较差大。这就是俄罗斯。"大胡子叔叔不紧不慢地给孩子们说了起来。

吉米忙说道："我以为是哪里呢？原来是俄罗斯啊。好啊，我们现在就出发吧。"说完，他就急急忙忙地要穿衣服。

"等一下，孩子们。"大胡子叔叔忙阻止了吉米，"我们这次去，正好赶上冬季，俄罗斯的冬天持续的时间很长哦，所以你们还是多带一些冬天的衣服吧。"

花花这一听可不高兴了，很冷还很长，到底是有多冷啊。大胡子叔叔似乎看出了她的心事，安慰她说："没事，孩子，虽然那里的冬天很冷也很长，但是波罗的海的气候可是不一样，那里属于海洋性气候，夏天不炎热，冬天也不寒冷。很适合我们游玩哦。"花花听到大胡子叔叔这么说，脸上的愁云立即散去，赶忙收拾东西准备出发。

吉米可不像花花那样想这么多，他正在高兴地酝酿着怎么去寒冷的地方看北极熊呢。而映真和他们考虑的都不一样，他正在想：那里的房屋建筑是不是很特别，俄罗斯人是怎么建造的，怎样才能达到保暖的效果呢？

映真思考这个问题是有原因的。他在一本书上看到，俄罗斯的房屋大部分都是大斜面帐幕式尖顶，因为这样才能使阳光

充分照进屋内。而且通常都是在夏天开工，然后使用机械迅速完成的。正因为它的迅速，所以房屋的抗震性能不是很好，不过也没有关系，因为俄罗斯不处于地震带上，所以那里的房屋建造起来很经济、高效。他心想：这次去就能一看究竟了。

孩子们收拾好行李，这就坐上了飞机。可是刚出发10分钟，吉米就感觉头昏眼花，恶心，吉米这是怎么了？

原来是吉米过于兴奋而忘记了吃东西，而在飞机飞行过程中，人体要消耗大量的热量，吉米是由于空腹登机而导致的身体不舒服。大胡子叔叔赶紧拿出饼干和牛奶。吉米吃完后，感觉舒服多了。

吉米感慨道："下次可不能犯同样的错误了。"

第1章　好漂亮的彩蛋

说话间，大胡子叔叔他们就来到了俄罗斯首都莫斯科。吉米迫不及待地说道："这下，我们总该休息一会儿了，坐飞机真是累啊！"

花花却不以为然："飞机上能睡觉啊，吉米你现在感觉好些了吗？"

　　吉米回答道："最好是能洗一个热水澡，再痛痛快快地在床上睡上一觉，那感觉可真棒！"

　　大胡子叔叔总算发话了："吉米在飞机上不舒服，不如我们就按照吉米的想法，先找个酒店好好地睡上一觉，然后就去寻找世界上最漂亮的蛋，好不好？"

　　大家都瞪大了眼睛，映真疑惑地问道："什么？世界上最漂亮的蛋，那应该很好吃吧？"

　　大胡子叔叔哈哈大笑了起来："这种蛋是一种珠宝，不能吃。而克里姆林宫里的复活节彩蛋更为著名。一会儿我们就去看个究竟吧。"

吉米顿时睡意全无，好像飞机上的不舒服从来没有发生过，直吵着要去看世界上最漂亮的蛋。

彩蛋是俄罗斯艺术的灵魂，是很多俄罗斯人喜爱和膜拜之物，因为俄罗斯人历来相信，彩蛋能给他们带来健康、美貌、力量和富足，有一些人还会把自己的爱情、梦想和憧憬描绘到彩蛋上呢！俄罗斯人对彩蛋就像对待神一样，会把它寄存在家中，并且用它来迎接新的生命。

大胡子叔叔带着孩子们来到了克里姆林宫，他问孩子们："你们知道为什么这些彩蛋很出名吗？知道现在这座宫殿里还剩下多少吗？"

孩子们都摇了摇头，大胡子叔叔继续说道："每一枚彩蛋都造型奇特，可谓匠心独运，而且都是用金银珠宝做成的。它们在俄罗斯人的眼里是一种权力和尊贵的象征，更为难得的是现在克里姆林宫还剩下10枚可供参观。本来是有50枚的，但是由于战争，彩蛋被其他国家要么买走，要么掠夺了。所以说，孩子们，这些彩蛋真的是世界极品，一会儿参观的时候一定要把它们好好地记在心里啊。"

孩子们听了大胡子叔叔的介绍，一下子全来了兴趣，映真迫不及待地说："我们还等什么，赶紧去看看吧！"

大胡子叔叔仍然不紧不慢地说："别急，孩子们，我还是先给你们讲讲这些彩蛋的由来吧。"

花花高兴地说道："我最喜欢听故事了，大胡子叔叔你快给我们讲讲吧。"

孩子们都聚精会神地听了起来。

"相传，沙皇亚历山大三世在其登基20周年之时，给他的皇后玛利亚准备一份特别的节日礼物以博得美人一笑。于是他绞尽脑汁想了好多天，才忽然想起了一个曾经吸引过玛利亚眼光的人，那就是法贝热，一名年轻的珠宝设计师。"

大胡子叔叔清了清嗓子继续说道："就是这样一名设计师，不仅吸引了皇后玛利亚的眼球，也让全世界的眼睛聚集在这枚蛋上。更让人想不到的是，几十年以后，法贝热

亚历山大三世

法贝热

这个名字居然成为了时髦和高贵的代名词。那天，法贝热向亚历山大三世呈上一枚外表看上去简单无奇的复活蛋。但是这枚蛋却机关重重。在它的蛋壳里面有一枚用黄金做成的鸡蛋，金鸡蛋里面还有一只小巧的金母鸡，而且金母鸡肚子里还有惊喜呢，那就是一顶以钻石镶成的迷你后冠和一枚以红宝石做成的微型鸡蛋。"

大胡子叔叔停了下来，问道："孩子们，如果看到这么一枚鸡蛋，你们会不会喜欢？"

吉米忙回答道："当然了，肯定会爱不释手的。"

大胡子叔叔说道："是的，孩子们，皇后看到这枚鸡蛋也很喜欢，所以亚历山大三世下令要求法贝热以后每年设计一枚复活节彩蛋呈贡。由于法贝热常年生活在宫殿中，他从中找到了很多设计灵感，所以每年都有创新。他把半生的精力都奉献给了沙皇，为其设计了50枚彩蛋。"

大胡子叔叔说完，问道："现在你们知道了关于彩蛋的故事，一会儿进去一定要好好地参观每一枚彩蛋啊。"

孩子们哪里还听得了大胡子叔叔说这么多，早就飞奔到里面参观去了……

彩蛋的制作者

法贝热，珠宝界的传奇。这位俄国金匠用他的奇思妙想把沙皇彩蛋推上了巴黎世界博览会。法贝热之所以能够成为欧洲闻名的设计大师，主要在于他的大胆创新，注重颜色的选择，而且样式从来不重复。除此之外，法贝热还懂得如何推销自己。法贝热在得到沙皇赏识之前，他努力和皇室人员接触，并且努力地做着皇家派遣的最基础的工作。在法贝热成为"皇家御用珠宝师"之后，他花了半生的精力为沙皇制作彩蛋。便宜的材料，独特的设计风格使得他的作品有强烈的时代感，而且，20世纪的简约风格和简单几何线条也被他提前预见了。

第2章　天鹅湖边的芭蕾舞团

花花不知今天碰上什么美事，居然高兴地跳起了舞来。映真对花花的舞姿不屑一顾："真是烂透了，一点儿也不漂亮，我求求你还是停下来吧。"

花花对映真的态度不以为然，说道："烂

小天鹅

透了，你别看啊，我又不是跳给你看的。我这只美丽的小天鹅正畅游在天鹅湖边呢。"

吉米也终于忍不住了："还小天鹅呢，是只丑小鸭吧！不过听说这里的芭蕾舞很出名呢，尤其是经典剧目《天鹅湖》，有机会真想去一饱眼福啊！"

于是这几个孩子一商量，就吵着大胡子叔叔要去看《天鹅湖》。大胡子叔叔最终没有拗得过这几个孩子，只能同意带他们去看芭蕾舞剧《天鹅湖》。

大胡子叔叔说道："孩子们，你们只是知道要去看舞剧《天鹅湖》，你们知道这部芭蕾舞剧讲的是什么吗？芭蕾舞又是怎么回事吗？"

孩子们顿时都愣住了，他们哪知道这些。大胡子叔叔解释道："芭蕾舞是结合音乐、舞蹈和哑剧为一体的表演艺术呢！它最大的特点就是演出的女演员要穿上特制的足尖鞋，然后立起脚尖起舞。而芭蕾舞《天鹅湖》讲述的是王子与公主的一段美好的爱情故事。这个应该是花花最爱看的吧？"

花花一听大胡子叔叔这么说，可来了精神，忙说道："王子与公主的故事？我最喜欢听了，快来给我们说说都是些什么故事啊？"

大胡子叔叔给花花解释道："这是柴可夫斯基的代表作，他可是俄罗斯最

著名的音乐家。这个故事取材于民间的传说。据说，讨厌的恶魔把美丽的公主奥杰塔变成了天鹅湖畔的白天鹅。王子齐格费里德到天鹅湖游玩的时候，爱上了这只美丽的天鹅。但是恶魔还是没有放过公主。在王子新婚之夜，恶魔让他自己的女儿黑天鹅变成公主的样子去欺骗王子。幸好王子及时发现，并最终打败了恶魔，救回了公主。从此两个人幸福地生活在一起。"

花花被这个动人的故事深深地吸引了。爱思考的映真向大胡子叔叔问道："他们用脚尖跳舞是怎么站立的呢？"

大胡子叔叔说："还是映真最具有思考力。我们常人即使是用脚尖走上一两步也觉得脚很疼，而那些舞蹈演员，她们跳

柴可夫斯基

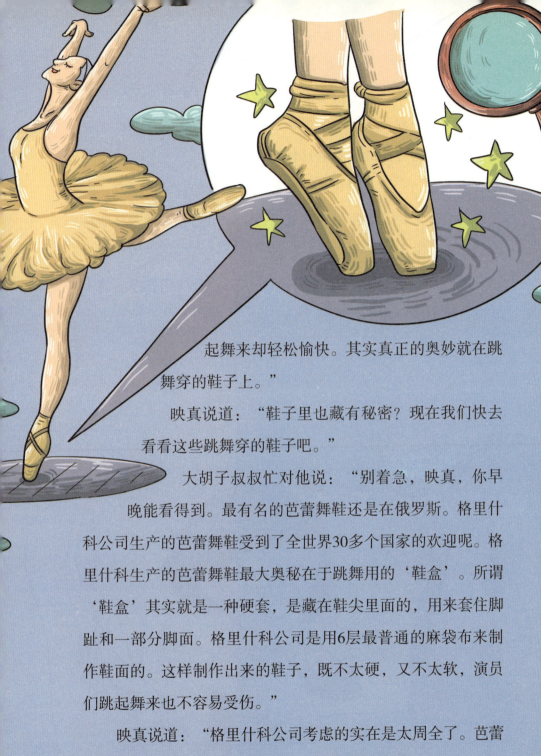

起舞来却轻松愉快。其实真正的奥妙就在跳舞穿的鞋子上。"

映真说道："鞋子里也藏有秘密？现在我们快去看看这些跳舞穿的鞋子吧。"

大胡子叔叔忙对他说："别着急，映真，你早晚能看得到。最有名的芭蕾舞鞋还是在俄罗斯。格里什科公司生产的芭蕾舞鞋受到了全世界30多个国家的欢迎呢。格里什科生产的芭蕾舞鞋最大奥秘在于跳舞用的'鞋盒'。所谓'鞋盒'其实就是一种硬套，是藏在鞋尖里面的，用来套住脚趾和一部分脚面。格里什科公司是用6层最普通的麻袋布来制作鞋面的。这样制作出来的鞋子，既不太硬，又不太软，演员们跳起舞来也不容易受伤。"

映真说道："格里什科公司考虑的实在是太周全了。芭蕾舞鞋经常遭到磨损，是不是鞋子的寿命不太长啊？"

大胡子叔叔说道："映真实在是太聪明了！你说的一点儿也没有错。一双芭蕾舞鞋的最长寿命就是2～3场表演，而世界上芭蕾舞鞋的寿命最长的也只有9场。"

花花说道："真是可惜了啊！这么漂亮的鞋子。映真，既然你这么好奇，不如我们现在就去芭蕾舞团吧。它就在莫斯科市的中心，乘车应该很快的。"

既然已经达成了共识，那么事不宜迟，赶快出发吧。演出就要开始了……

第3章 奇怪的套娃

来到莫斯科的大街上，吉米看见很多商店的柜台上面都摆放着木制玩具娃娃。这些娃娃都是空心的，一个套一个，最多可以套到十多个。娃娃上面的图案非常鲜亮。

这个发现让吉米欣喜不已，急急忙忙地喊来了花花，让她也过来欣赏这些娃娃。花花说："我可喜欢娃娃了。吉米，你看这些娃娃穿的服装都很有特色呢。"

大胡子叔叔说道："当然了，孩子们。这是传统的俄罗斯民族服装，图案上的姑娘也是典型的俄罗斯民族姑娘，叫作'玛特罗什卡'。不过因为这种玩具都是大娃娃套小娃娃，所以它还有一个很好听的名字叫作套娃。"

映真也被大家的议论吸引了，凑过去看热闹："这些套娃的图案都很讲究，想必一定也有来由吧。大胡子叔叔快给我们讲讲吧。"

"如果我们每次看到一样东西都能像映真那样思考的话，我相信在以后的探险道路中，没有大胡子叔叔你们也一样能探个究竟。"大胡子叔叔意味深长地说道。

花花虚心地点了点头，说道："我也是很佩服映真呢，每次总能发现问题。"

吉米这次可没有赞同花花的说法："大胡子叔叔，你这次可说错了，我可是弄清楚了套娃的由来呢。"

大胡子叔叔说道："既然这样，那么你就给大家讲讲吧。"

吉米不甘示弱："在很久以前，有两位表兄妹是邻居，他们从小一起长大。后来表兄为了生计，远走他乡。为了表达对表妹的思念之情，表兄每年都做许多木制的娃娃。并且一年做的比一年的大。几年后，他回到家乡，就把这些木制的娃娃都

送给了表妹。人们为他们的故事所感动，纷纷效仿，还给这些娃娃起了个很喜庆的名字叫作吉祥娃娃。大胡子叔叔，我说完了，你说我说得对不对啊？"

大胡子叔叔说道："看来这次吉米做功课了，不错，不错，值得表扬。可是你知道这些套娃是怎么制作完成的吗？"

吉米卖弄道："当然知道了！这次我可是做足了功课呢。"

映真笑着说："继续给我们讲讲吧。"

"套娃的制作流程很费事，尤其是木材的选用非常讲究。选用木材很费时间，从每年开春的时候起，就要把莱姆树或者桦树砍下来，剥去树皮，然后暴露于通风空气中。而且吉祥娃娃套数越多，木材需要晾晒的时间就越长。如果你要做一个十几套的套娃，得晾晒5~6年呢！套娃经过工艺家们的15道工序才能最终制作完成。不过每一种娃娃的工艺都不一样哦！"吉米一口气说了这么多。

大胡子叔叔笑眯眯地说道："吉米这次做得真棒！同样值得大家学习呢。经过一段时间的发展与创新，现在的套娃是越来越丰富了。工艺家们把童话故事里的人物、动物都做成了娃

桦树

娃。而且现在的套数也是越来越多了，有5件套，7件套，12件套，15件套等。这种娃娃的价格并不高，一会儿我们买几个回去。"

花花高兴地喊了起来："真是太好了，我要把它买回去放到我的床头边。还要买一套送给妈妈！"

大家看着花花高兴的样子，都忍不住笑了起来……

套娃的种类和工艺

套娃是俄罗斯很精致的娃娃玩具。一般是由多个一样图案的空心娃娃套装在一起的。套娃的制作非常费时、费力和费材料，因为套娃对工艺很讲究。

套娃是19世纪末从日本传到俄罗斯的。经过俄罗斯的发扬和发展，现在已经是俄罗斯套娃比日本套娃更加出名和讲究。

俄罗斯的套娃分为很多种，有烤漆套娃、烫金套娃、复合工艺套娃和彩绘套娃等。套娃上的卡通图案也越来越接近现代小孩子们喜欢的卡通人物呢。

第4章　俄罗斯的前世今生

　　花花晚上做了一个美妙的梦。梦见自己变成了俄罗斯的公主，每一个臣民都很尊敬她、照顾她。最重要的是她想要任何布娃娃都能轻而易举地得到。

　　今天醒来后她就一直缠着大胡子叔叔，要让自己当一次公主。大胡子叔叔语重心长地给花花讲道："孩子，公主可不是那么好当的。每一个朝代

的变化都是不一样的，我现在需要好好地给你们讲一讲俄罗斯的历史，这样你们才能对俄罗斯这个国家有一个真正的了解。"大胡子叔叔说完后，喊来了吉米和映真，让他俩也一起听听俄罗斯的前世今生。

"6世纪，东斯拉夫人逐渐向今俄罗斯部分迁徙。9世纪末，东斯拉夫人各族结成以基辅为中心的封建国家——基辅罗斯大众国。988年，拜占庭和斯拉夫文化开始融合，并且形成了最终的俄罗斯文化。直到13世纪初，基辅罗斯被蒙古人占领，分裂成多个国家，这些国家都自称是俄罗斯文化和地位的正统继承人。"大胡子叔叔不紧不慢地给孩子们讲解了起来。

"都自称是俄罗斯的正统文化，那到底谁才是呢？"花花经过上一次的套娃事件，如今也学会问问题了。

大胡子叔叔说道："花花这次表现得不错，不过谁是最正统的？现在历史学家也正在研究呢。你们还是继续听俄罗斯以后的发展吧。"

花花点了点头，大胡子叔叔继续说道："到了12世纪的时候，弗拉基米尔大公尤里·多尔戈鲁基建立了莫斯科大公国。现在他的纪念像还一直挺立在莫斯科市政府前面的广场上。他身披铁甲，双腿跨马，英勇无比。每当人们经过他身边时，都忍不住驻足，多看几眼呢。直到16世纪，莫斯科大公伊凡四世加冕称沙皇，领导其他公国反抗蒙古人的统治，俄罗斯才成为

一个独立的国家。"

大胡子叔叔停了下来，润了润嗓子继续说道："18世纪后，俄罗斯开始到处扩张，逐渐成为列强之一。在对外扩张的过程中，俄罗斯帝国耗费了大量的人力、财力、物力，人民逐渐不满，1917年十月革命终于爆发。"

"那然后呢？"吉米迫不及待地问道。

大胡子叔叔故意停顿了下来："十月革命以后，以列宁为首的领导人掌握了俄罗斯的经济、政治命脉，并且成立了苏维埃社会主义共和国联盟，简称苏联。还制定了几个五年计划，苏联逐渐由落后的农业国转变为强盛的工业国。1991年12月，苏联解体。"

莫斯科大公
伊凡四世

十月革命

  大胡子叔叔一口气说了这么多，停下来歇了一口气后接着说："孩子们，一个稳定的国家可不是那么容易就能建立的，需要几代甚至是几十代人的努力。别看公主很风光，那可得需要时代的沉积啊。花花，你现在还觉得公主好玩吗？"

  "公主好玩，可是我不喜欢等很长的时间。"花花说道。

  大胡子叔叔继续说道："必须要有时间的沉积，历史才能进步。你们都是祖国的花朵，要想让你们的国家变得更加强大必须要经过你们这一代的努力哦！"

孩子们听完以后，都认真地点了点头。花花也不再吵着要当公主，吉米和映真也乖乖地看书去了。

俄罗斯的地理位置

俄罗斯横跨亚欧大陆的北部，面积超过1700万平方千米，是世界上领土面积最大的国家。

俄罗斯西濒波罗的海，东临太平洋，北靠北冰洋。陆上与芬兰、白俄罗斯、乌克兰、哈萨克斯坦、中国、蒙古、朝鲜等国为邻，与我国有绵延很长的边界线。

第5章　新娘子结婚了

太阳才露出了鱼肚白，映真就已经按捺不住喜悦的心情了，花花也在盛装打扮，而吉米只是一个劲儿地玩着之前在莫斯科的大街上买的玩具手枪。

大胡子叔叔伸了一个懒腰，朦朦胧胧地睁开了眼睛，说了声："早上好，孩子们。今天大家都

起得很早啊，有什么特别的事情吗？”

“大胡子叔叔，难道你不知道吗？昨天晚上睡觉前我们不是说好的嘛，今天要去参加俄罗斯的传统婚礼。”花花噘着小嘴不高兴地说道。

“哎呀，你看我这个记性，睡了一觉，居然把这么重要的事情给忘记了！”大胡子叔叔拍着脑袋说道。

“不过现在还不晚，大胡子叔叔你要赶紧刷牙洗脸啊，婚礼马上就要开始了。”映真催促着。

大胡子叔叔他们一行人打车来到了新娘家，看见新娘已经换上白色婚纱礼服，梳上已婚妇女的发型，戴上基奇加帽，正坐在神像下等待迎亲车队呢。

“新郎在哪里呢？”花花大声地喊着。大胡子叔叔说：

"看，新郎的车队来了。"只见新郎、伴郎、媒人及亲朋好友分坐四辆马车飞奔而来，马车都用彩带、鲜花和树枝装饰得格外华丽。

两旁的路人向迎亲的车队讨要喜钱。吉米和映真这两个淘气的小孩也加入到了路人当中，一路哄闹着。

新郎一行人进入新娘的屋内，伴郎向女方家人敬酒三杯，然后把一条手帕塞到新郎手里，将新郎领到新娘跟前，让新娘握住手帕的另一端。随后，新郎新娘并排坐在一起，接受新娘

父母的祝福。之后，新娘与伴娘及女方媒人将随迎亲队伍前往教堂。

还没出发，只听见新娘号啕大哭了起来，花花被这个场面吓呆了："大胡子叔叔，新娘怎么哭了？"

当地人听到了，解释道："新娘大哭是我们这里的风俗，也是整个婚礼的转折点。因为新娘离家后不应再哭泣，所以在这个时候要哭个痛快。"

不一会儿，新郎把新娘接到了教堂。他们在神父的带领下，许下对彼此的诺言，开启相亲相爱的甜蜜生活。

　　教堂婚礼后，新婚夫妇到达新郎家。宾客们早早地准备好面包和盐在门口迎接这对新人，并且向他们身上撒麦粒、啤酒花和花瓣等，以示祝福。

　　吉米悄悄地告诉花花："你肚子是不是很饿了，婚宴这就要开始了啊，我刚刚看见了一个好大的圆面包呢！"花花捂着肚子说："是啊，我早就饿了，可是又怕跑出去吃东西耽误时间。"

　　刚才吉米看见的那个大圆面包已经被人端了上来。上面装饰有太阳、月亮、星星和鸽子，表示新人如日月相随，相亲相爱。

　　这时一位老妇人端上一瓦罐麦粥，请新人将粥喝尽，并且念念有词："要是树林里的树墩多，你们就多生几个儿子。要是草地上的树墩多，你们就多生几个闺女。"在大家的祝福声中，宴席开始了，几个孩子可是一点儿都没有客气。不过，坐在最显著位置的新人却不能走动，也没有随意吃喝。

　　时间已经到了深夜，新人进了洞房，大胡子叔叔一行人也拖着吃饱的肚子回酒店了。

第6章 俄罗斯使节团里有个巨人

映真躺在舒适的大床上，手里拿着一本《俄罗斯英雄传》，看得津津有味，嘴里还时不时地念叨着什么。

大胡子叔叔看见了，说道："映真，你有什么问题直接说出来，别这么支支吾吾的。"

"大胡子叔叔，我还真有一个问题，你知道为什么俄罗斯人都长得很高呢？"

"这个，这个嘛……"大胡子叔叔愣了一下，因为他也不知道为什么俄罗人都长得这么高啊。不过大胡子叔叔总归是聪明的，随即灵机一动说道，"在俄罗斯还真有一个巨人，不仅仅是因为他长得高，更重要的是他做了很多有利于人民的事情呢。"

映真已经等不及了："这个人到底是谁啊？"

"这个巨人就是叶利钦，全名是鲍里斯·尼古拉耶维

叶利钦

奇·叶利钦。他是近代俄罗斯历史上的两届总统，并且推荐了普京当选下一届的总统。普京也是位非常有亲和力、非常有能力的总统呢。"大胡子叔叔解释道。

吉米听到他们正在谈论自己心目中的英雄，赶忙凑了过来："我知道关于叶利钦总统的很多事情呢，他的'铁血手腕'可是我向往已久的呢。"

花花不屑地说道："向往又有什么用呢？你也成不了俄罗斯的总统，因为你根本不是俄罗斯人啊。"

"谁说我一定要成为总统呢。我只是喜欢我心目中的英雄。戈尔巴乔夫是发现叶利钦的伯乐，正是他把叶利钦从一个

叶利钦 "铁血手腕"

默默无闻的'州官'推举到了莫斯科市委书记的高位。但是叶利钦却迫使戈尔巴乔夫退出了政治舞台。从此开始了叶利钦时代。"吉米激动地说道。

"那看来叶利钦是挺有'铁血手腕'的。"此时的花花不再愿意和吉米争执了，只能敷衍道。

大胡子叔叔补充说："还有在苏联解体的前两天，叶利钦语气强硬地告诉戈尔巴乔夫，苏联已经解体，他必须辞职。面对强硬的叶利钦，戈尔巴乔夫无计可施，只好提出了自己辞职后的待遇问题：退休金、保镖、秘书、汽车和别墅等。"

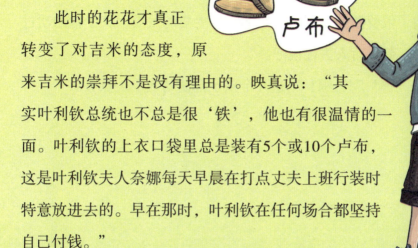

此时的花花才真正转变了对吉米的态度，原来吉米的崇拜不是没有理由的。映真说："其实叶利钦总统也不总是很'铁'，他也有很温情的一面。叶利钦的上衣口袋里总是装有5个或10个卢布，这是叶利钦夫人奈娜每天早晨在打点丈夫上班行装时特意放进去的。早在那时，叶利钦在任何场合都坚持自己付钱。"

"这可真是一位称职的总统啊！"花花感慨道。

"不过，任何人都有过错，即便是总统也不例外。他过多地依靠美国的援助，认为只要改革就能成功。实际上并不是那样，也有数据显示只有1%的俄罗斯人愿意生活在叶利钦的时代。"大胡子叔叔也评论说，作为俄罗斯首任总统，20世纪最卓越的政治家之一的叶利钦不仅从根本上

"这可真是一位称职的总统啊！"

影响了俄罗斯的发展，也影响了世界史的发展。关于他的功过是非，留待后人去评说吧。"

"嗯！嗯！嗯！"这几个孩子都使劲地点了点头。

传奇叶利钦

　　叶利钦，1931年2月1日出生；1985年任党政要职；1990年宣布退出苏联共产党；1991年6月，当选为俄罗斯加盟共和国首任总统；1996年竞选连任俄联邦总统；1999年12月31日，叶利钦辞去总统职务；2007年逝世。

　　叶利钦的一生充满了传奇与矛盾，在苏联发誓要打击贪污的时候，当上了俄罗斯的总统。在他执政9年的时间里，努力把权力集于一身，却在1999年的时候突然宣布辞职，推举普京为总统。

第7章 把自由还给农民的皇帝

吉米头戴一顶皇冠，高兴地跑着说："我是亚历山大二世，是俄罗斯历史上最有名的皇帝！"映真则在后面追赶："我才是亚历山大二世，所有的臣民必须听我的。"

花花则说道："哼，亚历山大二世才不是你们说的那样呢。他没有强迫所有的臣民都听他，他又不是暴君。"

大胡子叔叔笑着说："是啊，孩子们，亚历山大二世对俄罗斯的社会发展做出了历史性的贡献。他下令废除了农奴制，并且进行了多项改革，制定了把俄罗斯君主制改造为君主立宪制的改革计划。但是很可惜，因为他遇刺身亡，俄罗斯的改革进程也被打断了。"

映真和吉米听见大胡子叔叔这么评价亚历山大二世，都沉静了下来。映真道："大胡子叔叔，你了解亚历山大二世的生平吗？"

"亚历山大二世同以前所有的俄罗斯帝王相比，接受的教育是最好的，也是最多的。他在19岁完成了所有的学业，并且掌握了英语、德语、法语和波兰语等四种外

语。此外他还学过诸多科目，包括数学、物理、地理、历史、东正教神学和政治经济学。他所接受的教育注定了他必须要改革。"大胡子叔叔接着说道。

"孩子们，亚历山大二世也曾经用一年的时间游历了欧洲，去过那里的很多国家，但就是没有去过法国。因为他的父亲尼古拉一世为了显示对法国国王路易·菲利普的不满，特意不让亚历山大出访法国。亚历山大听从了父亲的意见。"大胡子叔叔继续说道。

映真叹息道："真是可惜了，那么美丽的国家居然没有机会亲眼看一下，这一定是他这一辈子最大的遗憾吧？"

吉米可不这么认为："那

又有什么可遗憾的！这样他可以腾出更多时间游览别的国家呢。听说他在出访德国期间，相中了自己的妻子，但最终两个人的命运都不好，皇后病死了，自己被刺杀了。这才是真正的可惜呢！"

大胡子叔叔赞赏地点了点头："当年的亚历山二世相中了黑森·达姆施塔特大公的幼女玛丽亚作为自己未来的妻子。玛丽亚应邀来到俄罗斯后就结婚了。"

花花好像也很了解亚历山大二世一样，说道："我以前在书上也看到过，亚历山大二世是个相当了不起的人物呢！他对俄罗

斯的教育和文化也做了不少好事，比如他主张俄罗斯的博物馆和动物园对普通老百姓开放，他还开启了电器的时代，并且成立了社会慈善机构呢！"

大胡子叔叔表情很严肃地说道："虽然，亚历山大二世的改革措施有很多积极的作用，但是此时的俄罗斯极大地自由化，也导致了很多犯罪。他遭遇多次暗杀袭击后，但由于防卫措施得当，一直安然无恙。1881年3月1日，亚历山大二世准备签署法令，启动俄罗斯君主立宪的政权进程。但不幸发生了，

亚历山大二世丰富了俄罗斯的教育和文化

47

他在这一天被刺客投掷的一枚炸弹炸断了双腿，医治无效逝世。"

吉米深深地叹息了一声，摘掉了头上的王冠，心想：真是乱世啊，我可不要当什么皇帝了，否则自己被谁害死了都不知道呢……

亚历山大二世

亚历山大二世出生在1818年，是俄国沙皇尼古拉一世的长子。亚历山大二世在俄国历史上很一位非常出名而且有才华的皇帝。

他在位期间，对俄罗斯做出了历史性的变革。1861年下诏废除了农奴制，从此广大的农民翻身做了主人。这大大提高了俄国的生产力，为19世纪俄国的繁荣奠定了坚实的基础。他还试图把俄国的生产力提到更高的一个层次上，虽然他积极地为老百姓谋福，但是也会触及到个别贵族的利益，所以他被刺杀身亡，阻断了他继续改革的步伐。

第8章　在教堂里祈祷

映真早上醒来，眼睛还没有完全睁开，就被这眼前的场景惊呆了：只见花花双手合十，嘴里还振振有词地说着什么。

映真心里想：花花这是在做什么呢？肯定是昨天晚上做了亏心事，今天祈祷上天保佑不要伤害到她。看我好好地吓你一下！

于是映真蹑手蹑脚地走到了花花的背后，刚要拍打她的后背的时候，被一双手蒙住了眼睛！不用想，这肯定是吉米干的好事。花花没有被吓到，反而映真自己被吓了一大跳。这就是所谓的：螳螂捕蝉，黄雀在后。

映真随即跳了起来，这个时候花花发现了将要吓唬自己的映真，一下就明白了："谁让你想要干坏事呢，这下好了吧。"随后又忍不住哈哈大笑了起来。

"大胡子叔叔，你不是说过关于修建圣瓦西里大教堂还有一个美丽的故事嘛，赶快讲给我们听听吧。"花花着急地问道。

"嗯，这个嘛……是有这么一个动人的传说。相传当年俄国军队远征外域，水土不服，面临困境，多亏了8个圣人帮助，才得以摆脱不利的局面，取得了最后的胜利。为了纪念曾经帮助过自己的人，俄国军队回国后积极筹建了这座教堂，并得到了沙皇的支持，才有了今天光彩夺目的传世之作。"大胡子叔叔说。

"不过，孩子们，还有……"大胡子叔叔故意停顿了一下，"关于这个教堂还有一个残忍的故事呢：在圣瓦西里大教堂建成之时，当时执政的残暴沙皇伊凡雷帝惊讶无比，深深地被这座教堂的美所震撼。他为了不让其他地方也出现同样美丽的建筑，便下令挖掉建筑师的双眼，让他再也无法设计出同样美丽精致的建筑，只留下这座圣瓦西里大教堂让人们欣赏。"

"这个我们都听说过了。"花花说。此刻，大胡子叔叔有一些难为情，说道："你们都听说过了，我还以为能给你们再讲一个故事呢。"

圣瓦西里大教堂成为了俄罗斯的标志和象征，每天都接待虔心来此祈祷的人，默默地净化人们的心灵，并逐渐成为一个神圣不可侵犯的地方。

圣瓦西里大教堂俄罗斯的标志和象征

"孩子们，故事你们既然都知道了，我就给你们讲一个道理。圣瓦西里大教堂的修建还是源于人类的战争。虽然硝烟已去，但是每当我们看见这所建筑的时候就应该想起战争的残忍，我们现在都应该到这所教堂里面去，祈祷人人都能生活在和平年代，战争不要再发生了。"大胡子叔叔说。

　　大胡子叔叔的话音刚刚落下，这几个孩子就已经拿着买好的票准备进到教堂里面了。吉米诧异了：这么多门，应该从哪个进去才合适呢？大胡子叔叔看出了吉米的困惑，解释道："任何门都能到达正殿，你们就放心去吧。"

　　果然，这几个孩子，从哪个门里进去的都有。不过这个时候他们可不是祷告，而是在里面疯跑了起来。

第9章 加加林眼里的美丽太空

晴朗的天空，云彩都少得可怜，只有几只不知疲倦的雄鹰在天空中翱翔。此刻，映真望着天空，感叹地说："要是我也能像这雄鹰一样，自由自在地飞翔在天空中多好啊！"

吉米也有同样感悟。这些可爱的孩子太渴望能飞上天空了。即便是现在把他们变成一只小鸟，估计这些孩子都不会后悔。

不过，花花可不想变成一只小鸟，雄鹰也不行，因为她有了新的想法，她想要飞上太空，看看是不是还存在着另外一个世界。

大胡子叔叔了解他们的想法，说道："孩子们，在这个世界上，第一个登上太空的就是苏联人。他就生长在我们脚下这块土地上。他的名字就是加加林，一名非常伟大的宇航员。"

"神舟十二号都上天了，登上太空又有什么了不起的呢？"映真虽然很羡慕，但他还是不肯承认加加林的伟大。

"话可不能这么说呢！在那个时代能登上太空就是一件非常了不起的事情呢。"大胡子叔叔反驳了映真。

吉米也很讨厌映真说话的口气："有能力，你试试啊！当年，加加林驾驶着'东方'1号宇宙飞船，只用了1小时48分就绕地球飞行了1圈，并且安全返回。加加林是当之无愧的第一个登上太空的英雄，这是多么了不起的事情啊！"

"你们说，加加林飞上太空以后，都能看见一些什么啊？"花花此刻对太空产生了浓厚的兴趣。

"太空里面肯定有一些类似于我们人类的人，不是经常有飞碟飞到我们地球来的传言吗？而且他们应该也都长着眼睛、

鼻子，还有嘴巴，因为他们要吃东西呢。"吉米猜想着。

"你就知道吃，他们也许是另外一种进食方式呢？"映真打断了他。

"不管怎么样吧，反正都能看见我们看不见的东西。我真的好想去太空看看啊！"吉米有点按捺不住兴奋的心情了。

大胡子叔叔说道："孩子们，都别争了，现在让我来告诉你们太空里都有些什么东西吧。据科学家目前的观察，太空里有和地球类似的行星，也有一些能量和物质存在。不过现在的科学水平还没有这么发达，还不能一一地给我们解释它们的作用，

不过可以肯定太空是一个奇妙的世界！"

听完大胡子叔叔的话，几个孩子越发渴望到太空去，哪怕只是待上一分钟都很棒。大胡子叔叔却语重心长地说："太空也是个危险地方呢，加加林就是个例子。"

孩子们听了大胡子叔叔的话都沮丧极了，大胡子叔叔还在继续说："1968年3月27日，加加林在一次例行试飞中不幸罹难。他和飞行教练谢廖金驾驶了一辆双座喷气式飞机，因为不明原因坠毁。加加林死后，他的故乡格扎茨克被命名为加加林城，以此来纪念他。就连他训练所在的宇航员训练中心也以他的名字命名。此外，俄罗斯把每年的4月12日定为宇航节，以

俄罗斯把每年的4月12日定为宇航节！

此来纪念加加林首次进入太空的壮举。直到现在人们都很缅怀这位英雄人物呢。"

"看来太空可不是人人都能去的，也不是想去就能去的。太空有危险，上去需谨慎。"映真很是感慨了一番。

吉米和花花也对映真的感慨表示了赞同。

第10章 世界上最长的铁路

在俄罗斯境内有一处铁路，号称世界上最长的铁路。这不，吉米一大早，准备偷偷去感受世界上最长的铁路呢。他前一天晚上就把要带的衣服和零食满满地塞了一大包。不过这次

保密工作做得不太好，一不小心让映真发现了。这次映真可是先发制人了，他想要知道吉米全程的计划。

吉米刚要走出房间，映真大喊了一声："站住！"他这一喊不要紧，把大胡子叔叔和花花都喊醒了。大胡子叔叔还以为有小偷，猛地从床上跳了起来，从桌子上抄起了一个玻璃瓶子就向门外飞奔了出去。

吉米和映真被大胡子叔叔的这个架势吓了一跳，还以为是来追赶他们的呢。映真灵机一动，立即搂

起吉米的肩膀，并且慌忙地解释道："我们出去散散心，对，就是散散心。"以大胡子叔叔的聪明才智，他马上就明白发生了什么事情："我还以为有小偷进来了，原来是你们这两个兔崽子。吉米，你背了这么一个大包，不是出去散散心这么简单吧。赶快老实交代！"

吉米知道大胡子叔叔的脾气，知道瞒是瞒不住的，还不如老实地说实话："大胡子叔叔，我想去海参崴，听说那里是最长铁路的尽头呢。"

"哦？你说的是西伯利亚大铁路吗？"大胡子叔叔问道。

世界上最长的铁路

"是的，这条铁路横贯俄罗斯东西向，始发站是车里雅宾斯克，经鄂木斯克、新西伯利亚、伊尔库茨克、赤塔和哈巴罗夫斯克（伯力），最后到达符拉迪沃斯托克（海参崴）。铁路全长7400千米呢，是目前世界上最长的铁路。我可向往着能坐上这条铁路上的列车，这样就能体验一下世界之最了。这不是最美的事情嘛！"吉米滔滔不绝地说了起来。

这个时候大胡子叔叔担心了起来："既然是世界上最长的铁路，时间又很长，火车票的费用肯定也少不了，可是我们要从哪里才能得到这么多的钱呢？"

大胡子叔叔的担心也让这几个孩子不安了起来。是啊，这么高的费用到底应该怎么办呢？但既然是探险，钱又怎么能难得住这几个探险的小英雄呢！映真计上心头："既然没有钱坐这么长时间的火车，那我们就坐一站就行

到站 符拉迪沃斯托克（海参崴）

了。这样也能满足体验西伯利亚大铁路的愿望啊。"

映真的这个想法立即得到了大家一致的赞同。大胡子叔叔一行人打车来到了火车站，买了车票就上了火车。

刚坐下，大胡子叔叔又打开了话匣子："这条铁路建成初期，在这条线上行驶的列车都非常豪华，铺着厚厚的地毯，装饰着在巴黎博览会上使用的橡木板，很多旅客都是慕名而来的。但后来，这条铁路线上列车的服务质量和卫生设施每况愈下，乘客也越来越少。我们现在坐的只是最普通的火车哦。"

西伯利亚大铁路全长7400千米

孩子们哪里还能管得了是普通列车还是豪华列车，只要能满足心愿就是最大的幸福了，这个时候只有花花最老实了，她安静地坐在自己的座位上。欣赏起了俄罗斯的风光来，任凭吉米和映真在火车里闹翻了天。

第11章　在城市里坐马车

　　大胡子叔叔一行四人来到莫斯科的大街上。他们想在大街上随便逛逛，体验一下俄罗斯的风土人情。

　　一般来说，一个国家的首都会很拥挤。但是在莫斯科的大街上却不是这种情况，这下花花可诧异了："这和北京的交通状况还真是不一样呢！没想

到莫斯科的大街上这么空旷，北京都是人挤人、人挤车、车挤车。"

大胡子叔叔说道："在俄罗斯，很多人都有自己的车，甚至有的家庭就有好几部车。即使是这样，在他们这个国家却很少堵车。原因是这里的人口密度较北京少，而且公共交通比较发达，除了有轨电车、无轨电车、公交车等交通工具之外，出租车也是俄罗斯人不可或缺的日常出行工具。正规的出租车都有一个"T"字标志，并用黄黑色条纹作为区别。"

现在他们就要去体验一下公共汽车，这里的公交车票不仅可以从司机或是售票员那儿购买，当地报刊亭的小亭子里也能购买。上了公交车后，并不用向售票员出示车票，而是自己在上面打个孔。这样就节约了售票员检票的时间。

花花喊道："快看，这里有好多人在公共汽车上读书看报呢！"

大胡子叔叔给花花解释说："俄罗斯人大都惜时如金，即使是在公交车上的时间也不肯放过。这样就使得公交车看起来就像是流动的图书馆了，是不是也很壮观呢？"

体验完公共汽车，今天还有重头戏呢。那就是坐着马车去兜风。在莫斯科这样的国际大都市，坐公共汽车、私家车都是很平常的事情，现在居然能坐上马车，着实让这几个孩子兴

奋了一番。

俄罗斯的马车也叫作"三套马车"。当披着彩带的高头大马拉着装饰得华丽漂亮的大车，响着铃铛在大街上争相赛跑时，孩子们激动惨了，他们从来都没有坐过马车。

"我刚刚才发现，马车上面居然还绘有童话故事呢！"映

真兴奋地告诉他的同伴们。

"是啊，真是太有情趣了！除了童话故事，应该还有其他的人物形象吧。"吉米猜测。

"吉米说的一点儿都没有错，'三套马车'的童话形象已经逐渐成为了俄罗斯人的标志了。"大胡子叔叔回应吉米说道。

"听说驾驶着'三套马车'还能参加比赛呢。"花花也来了兴致。

"是呢，孩子们。从1840年开始，这项运动一直是俄罗斯人喜爱的运动之一呢。在过去，不仅是在乡村，就连在城市里的人们也都喜欢驾驶着'三套马车'。马车夫驾驶着它们又运货、又载人，曾经盛极一时呢。仅从莫斯科通往西伯利亚偏

远城市的长途公路上，就曾有过1.6万名车夫驾驭着'三套马车'来回奔波。"大胡子叔叔补充道。

坐马车也有到站的时候，吉米很不情愿地从马车上面走了下来，意犹未尽地说要是能再坐一次马车该有多好啊！

大胡子叔叔安慰他："等下次吧。"

在城市里坐马车的体验就这样结束了……

第12章 跳起了民族舞蹈

花花还沉醉在坐马车的兴奋当中，嘴里不停地唱着歌：

"冲破大风雪，我们坐在雪橇上，快奔驰过田野，我们欢笑又歌唱，马儿铃声响叮当，令人精神多欢畅，我们今晚滑雪真快乐……"

吉米再也忍受不住了："打住吧，我简直受不了啦，就是因为坐了一个马车，你看你都兴奋几天了。"

花花一点儿也不生气："我也不知道自己怎么会变得这么兴奋，不过坐马车的感觉实在是太棒了。"

映真走上前来，说道："还有更棒的感觉呢，你想不想体验一下啊？"

"这不是废话吗！当然了。快说是什么？"花花对映真可一点都不客气。

映真倒是一点儿也不生气，反而笑眯眯地说道："你不是喜欢跳舞嘛，那就跳一个俄罗斯的民族舞蹈——踢踏舞吧。多个人跳这个舞来才壮观呢，如果一个人跳也能上瘾呢。"

"踢踏舞？这倒是听说过。都说俄罗斯人能歌善舞，每逢喜庆之日或亲朋相聚之时，他们就拉起手风琴，唱起歌，跳起舞来，难道就是跳的这种舞蹈吗？"花花问。

"也不一定呢，俄罗斯的民族有很多，因此舞蹈的种类也有很多。不过很

俄罗斯境内生活着190多个大大小小的民族

多俄罗斯人都喜欢踢踏舞。这是一种自娱舞蹈，即兴性很强。跳舞的时候必须要穿上皮鞋，而且踢踏舞的舞者适合所有人，男女老少都可以。跳舞的时候用手风琴伴奏，众人围成一圈，用脚尖、脚跟或脚掌的某一部位击地，发出踢踏响声。节奏清晰多变，脚下动作灵活而响声大，这个场面很是热闹呢。"大胡子叔叔不知道什么时候来到了他们中间，听到了花花的疑问，就急忙给她解释。

"这可真是太棒了。我还真想学习一下这个踢踏舞。"花花顿时眼睛发亮。

大胡子叔叔这次可没有答应花花的要求，因为他想要花花多了解一下俄罗斯的风俗习惯，比如说俄罗斯的民族情况。

"孩子，你知道踢踏舞是俄罗斯的民族舞蹈，可是你知道俄罗斯有多少个民族吗？这个国家的民族甚至比你们国家的民族还要多呢。"大胡子叔叔说道。

"这个嘛，我还真的不清楚呢，我们国家的民族是56个，难道他们国家是65个？"花花半开玩笑地说道。

"65个？可远远不止这些，俄罗斯境内生活着190多个大大小小的民族呢。大的民族人口过亿，小的民族人口不足千人。俄罗斯族是国内最大的民族，大约占全国人口总数的五分之四。其他少数民族中，鞑靼族的人口最多达到500多万。除此之外还有一些比较大的民族如巴什基尔族、白俄罗斯族、乌克兰族、楚瓦什族、摩尔多瓦族等。"大胡子叔叔一口气说了这么多。

花花为大胡子叔叔渊博的知识而震惊了："大胡子

我们可真是太崇拜你了！

叔叔，你可真棒啊！你怎么知道这么多啊！我们可真是太崇拜你了！"

大胡子叔叔谦虚地说道："我有什么好崇拜的？我之所以知道这么多，是因为我提前看书了啊。所以孩子们，你们去一个国家之前一定要先看相关介绍的书，知道那里的民族习惯才能入乡随俗啊。"

"嗯嗯。"花花接连点头，看来这次是真的记住了。

俄罗斯的民族

俄罗斯不仅是世界上国土面积最大的国家，也是多民族国家。据2020年的数据统计，俄罗斯联邦共有190多个民族。

俄罗斯联邦人口有7个民族超过了百万，它们分别是俄罗斯、鞑靼、乌克兰、巴什基尔、楚瓦什、车臣和亚美尼亚族。人口数量最多的民族是俄罗斯族，超过了1亿，占全国居民总数的77.7%。

除了这些庞大的民族，还有150万人不知道自己的民族属性。归结原因就是民族越来越多，很多民族的自我意识都增强了，所以分得更细致一些，有的民族只有几百人到几千人，比如一些突厥小民族。

第13章 在"皇村"里游行

慵懒的午后总是想让人大睡一觉，这几个淘气的孩子也不例外，午饭后都想要去自己的床上

叶卡捷林娜宫

睡觉。却被大胡子叔叔给拦了下来：

"孩子们，你们现在可不能睡觉啊！

我们休息一会儿后，要去一个富有诗情画

意的地方——皇村。"大胡子叔叔这次没

有卖关子，而是把想去的地方如实地告诉

了孩子们。

"黄村？这个村子里的人都姓黄还

是这个村庄是黄色的啊？"花花问道。

"这些都不是。皇村其实是叶

卡捷琳娜宫的别称，它最早建造于

1717年，是彼得大帝赠送给妻子叶卡捷琳娜一世的皇家宫殿。不过我们现在见到的，并不是它最初的样子，因为后来的伊丽莎白一世、叶卡捷琳娜二世都曾对建筑进行了改造和扩建。"大胡子叔叔解释道。

"这座宫殿一定很宏伟气派吧？"花花好奇的问。

"那是当然。宫殿以蓝、白、黄三色为主要颜色，从里到外都被装点得富丽奢华！"大胡子叔叔笑着说。

"叶卡捷琳娜二世是谁啊？她是一世的孩子吗？"映真不解地问。

"她们可没有什么血缘关系，更不是母女。"大胡子叔叔摆了摆手说，"叶卡捷琳娜一世虽然出身卑微，却很有谋略。她先是成为彼得大帝的情人，然后是妻子，并在1725年彼得大帝死后，继承皇位，成为俄国第一位女皇。事实上，她和彼得大帝的女儿是伊丽莎白一世，而叶卡捷琳娜二世则是伊丽莎白一世皇位继承人彼得三世的妻子。"

这么富有传奇色彩的宫殿，可把孩子的兴趣都给勾引出来了，都吵着要去呢。

很快大伙就到了叶卡捷林娜宫，进入这座宫殿，果然不同凡响啊。宫殿的格局设计精巧，色彩清新柔和，无处不弥漫着鸟语花香。在1990年，它还被列入联合国《世界遗产名录》呢。

整座宫殿长306米，超过了俄罗斯巴洛克时期的所有建筑。它的外表是天蓝色的，色彩清新柔和。造型丰富的雕塑和凹凸有致的结构使数百米长的建筑丝毫不显得单调呆板。在这座宫殿内，金碧辉煌的大厅一间接一间，组成了一条金色的走廊。各房间根据颜色的不同被命名为"红柱厅"和"绿柱厅"等。

"孩子们，这间接待大厅就是叶卡捷林娜二世接待来宾的地方，非常的富丽堂皇。"大胡子叔叔指着宫殿中最宏伟壮观

的一间说道。

"这个房间真的很大，这应该比我们住的房间的大几倍了吧？"吉米惊讶地说道。

"是啊，这个房间的面积为850平方米呢，是普通人家住房的七八倍呢。"大胡子叔叔说道。

"这些厅内所有的装饰都是纯金的吗？"映真对这所宫殿的奢侈很是疑惑。

"这些东西全部都是镀金的，两侧有宽大的双排窗，窗户之间以及大厅两侧的墙壁上镶有巨型镜子，让人一眼就能感受到女皇的威严。"大胡子叔叔说道。

　　"吉米、花花快过来，你们看这里还有玩游戏的地方呢。"映真又好像发现了新大陆一样。

　　"女皇居然能在这里玩游戏，真的很享受呢。"大胡子叔叔也是第一次看到这样的接待大厅，不禁发出了这样的感慨。

　　一张大大的椭圆形桌子在中央，还有两张比较小的桌子分别在大桌子的左右两侧，这就是女皇的御用餐厅，在这里请客人吃饭，真是气派极了呢！

第14章　见到最敬仰的大作家

写作是映真的爱好。这次他到俄罗斯的目的也不仅是旅行，他还想要瞻仰他心目中敬仰已久的大作家。

"你心目中的大作家都已经过世那么长时间了，你想怎么瞻仰呢？"花花对映真的想法可是一清二楚。

　　映真这几天总是在翻阅这位大作家的作品，花花又怎会不明白呢。花花可想帮助映真完成心愿了，于是她把情况悄悄地告诉了大胡子叔叔。大胡子叔叔听完花花的讲述，也明白了映真的想法。可让大胡子叔叔不解的是为什么映真这么喜欢列夫·托尔斯泰呢？

　　大胡子叔叔忍不住问了问映真。映真说道："托尔斯泰不仅是一位伟大的作家，还具有探险的精神。他的好多作品当中都有描写呢。"

　　"原来是这个原因，映真很不错哦，都能透过作品发现作者一些特有的品质呢！"大胡子叔叔夸奖道。

"可是，映真，你想
要我们怎么样帮你完成愿望
呢？"吉米也加入了进来。

　　是啊，这可真是一个问题呢！
不过别着急，有大胡子叔叔在，什么
都不是问题。

　　大胡子叔叔对孩子们说："我有办法能帮助映真实
现愿望。不过在此之前，我要向你们普及一下托尔斯
泰的基本信息。这里只有映真对他比较熟悉，否则
会闹出笑话来的。"

　　孩子们都安静了下来，等着大胡子叔叔给他们说托尔斯
泰的事情。

　　"托尔斯泰，是俄罗斯最著名的大作家和思想家，自幼
就开始接受典型的贵族家庭教育。因为出版过很
多著名的小说而被很多人崇拜。他的作品主
要有《战争与和平》《安娜·卡列尼娜》
《复活》等。"

　　孩子们以为大胡子叔叔说完了，立即吵嚷

了起来："他可真不简单啊。"

大胡子叔叔说道："别着急，孩子们，我还没有说完呢，正是因为他的作品描写了俄国革命时人民的顽强抗争，因此被列宁称为'俄国革命的镜子'，列宁曾称赞他创作了世界文学中第一流的作品呢。托尔斯泰的一生中，绝大部分时间都是在他母亲陪嫁的庄园里度过的。要完成映真的愿望，我们可以去他的庄园里好好地游览一下。"

这会儿大胡子叔叔是真的说完了，孩子们也兴奋了起来。因为又要出去大开眼界了，还有什么比这个更有意思的呢。

托尔斯泰的故居位于俄罗斯图拉省，莫斯科南方180千米的地方。所以不到半天的工夫，大胡子叔叔一行人就到达了目的地。

映真兴奋起来："快看，这个庄园好大啊！"

大胡子叔叔一行人穿行在林间的小路上，因为来得比较晚了，所以此刻周围宁静得能听到自己的脚步声。每隔几米就有一块木牌立在路边，上边书写着从托尔斯泰作品里摘录的片段，这可让映真过足了瘾啊。

"还有一片苹果树林呢！"花花惊喜地叫道。数不清的

托尔斯泰，俄罗斯最著名的大作家和思想家

托尔斯泰故居

苹果树都极力向四周伸展着枝丫，交织成一片绿色的海洋。而孩子们心里都在想：此刻要是能有一个苹果吃那应该有多么美啊！

终于看见托尔斯泰的故居了，是一座白色木制小楼，小楼里面的陈设很简单，除了普通的桌椅、床，再找不出更多的器具来了。

当然最不能错过的还是托尔斯泰墓。"这也许是世界名人中最简单的墓了吧！"映真不禁发出这样的感概。托尔斯泰墓没有墓碑，没有文字，甚至没有任何标志。大胡子叔叔一行人是怎么也想象不到名人的墓碑也会这样简陋。

看过了墓碑，大胡子叔叔一行人各自怀着不同的心情返回了酒店。他们还要为明天的旅程养足精神呢。

第15章　要交税的胡须

　　大胡子叔叔又在摆弄着他的胡须。他的胡须好像他的孩子一样，每天都要给这些茂盛的胡须洗个温水澡，然后梳理顺溜才能出门。

　　吉米对此很好奇：我为什么不长胡须呢？映真也没有啊，

留胡须要缴费?

是不是要等到大胡子叔叔那个年纪才能长出来呢?

吉米带着这个疑问去问大胡子叔叔:"大胡子叔叔,为什么你的胡子这么茂盛,而我和映真却一点也没有呢?"

大胡子叔叔听了吉米的问话之后,哈哈地大笑了起来:"你当然没有了,胡须是一个男人成熟的标志,等你到了一定年纪才能长胡须呢。"

"啊?还要等这么久啊?我也好想每天都给胡子洗澡呢。"吉米羡慕地说。

"这有什么好羡慕的!传说在彼得大帝统治时期,他规定除了教会的神职人员以外,所有的俄罗斯人都不得留胡须。因为当时他把胡须看成是封建、落后的象征。如果有人要留胡须就必须缴纳一

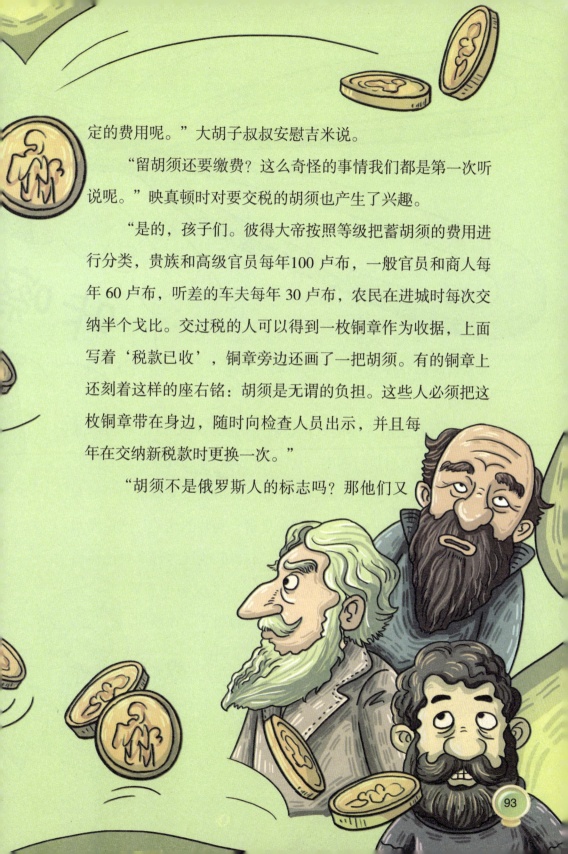

定的费用呢。"大胡子叔叔安慰吉米说。

"留胡须还要缴费？这么奇怪的事情我们都是第一次听说呢。"映真顿时对要交税的胡须也产生了兴趣。

"是的，孩子们。彼得大帝按照等级把蓄胡须的费用进行分类，贵族和高级官员每年100卢布，一般官员和商人每年60卢布，听差的车夫每年30卢布，农民在进城时每次交纳半个戈比。交过税的人可以得到一枚铜章作为收据，上面写着'税款已收'，铜章旁边还画了一把胡须。有的铜章上还刻着这样的座右铭：胡须是无谓的负担。这些人必须把这枚铜章带在身边，随时向检查人员出示，并且每年在交纳新税款时更换一次。"

"胡须不是俄罗斯人的标志吗？那他们又

咔嚓

怎么会愿意剪掉呢？"花花对这个制度也不能理解。

"有什么制度还能大得过君主的权力吗？这次剪胡须可是彼得大帝亲自执行的呢。从国外访问归来的彼得大帝心情很好，在第二天例会的时候，彼得大帝突然拿起一把大剪刀，一下子剪掉了夏诺大元帅的胡子！这位大元帅惊得目瞪口呆，不知道沙皇为什么要这样损坏他的容貌。随后，沙皇又剪掉了罗莫丹诺夫斯基亲王的胡子。在场的所有贵族面颊上都挨了同样

的一剪刀。彼得大帝一边剪，一边开心地纵声大笑。地上落满了一绺绺的长胡须。贵族们胆颤心惊地望着沙皇手中叮当作响的大剪刀，一时都不知道该怎么办才好。自从进入成年期以来，他们的下巴第一次领略了与新鲜空气接触的凉爽感觉；同时他们又畏惧君主的权威，不知道为何彼得大帝会如此动气。"大胡子叔叔解释道。

"那后来呢？"吉米听得津津有味，还想知道这个故事的结局。

"后来，贵族们到了家里，他们的妻子都被眼前的这一幕给惊呆了。她们不知道自己的丈夫触犯了什么法律，要承受这样的耻辱。但是实际上君主并没有惩罚他们的意思，彼得大帝的想法是要解放人们的思想，不如首先从胡须开始。"大胡子叔叔继续补充着，"再后来，直到亚历山大三世登基后，他又下令允许留胡须。从此俄罗斯人对于胡须的问题才有了彻底的解放，都是凭个人的意愿，谁想留就留，不想留就不留。"

但是实际上，很多俄罗斯人都认为只有留胡须的男人才有阳刚之气，能增添他们作为男人的气质，虽然这样看起来比较显老。

第16章 美丽的圣彼得堡

来到俄罗斯这么长时间，在莫斯科待的时间最长了，还没有去过其他的大城市呢，回到自己的故乡要告诉小朋友的故事不就少了嘛。花花这么想着。

可不是嘛，回到韩国也不好向小朋友们交代啊。映真也打起了自己的小算盘，可是下一站要去哪里呢？不如问一下大胡子叔叔，他可是我们的领军人物呢。

"大胡子叔叔，我们都不想在莫斯科待了，你带我们去一个新的城市好不好啊？"映真怂恿着吉米去问大胡子叔叔，吉米这次还真的去问了。

"哦？都不想在莫斯科了吗？那我们就去打工吧，这样还能挣到去下一个国家的路费呢。"大胡子叔叔对这几个孩子的想法很是明了。

"不嘛，不是去打工，而是去下一个城市游玩好不好啊？"花花这次可急了，一连说了几个不字。

"看来，你们这几个孩子早就有想法了。说吧，你们想去哪里啊？"大胡子叔叔这次也不和他们绕圈子了，直接问道。

"听说圣彼得堡是个英雄的城市呢！不如我们就去那里怎么样？"映真壮着胆子说。

"好啊，圣彼得堡可是俄罗斯的第二大城市呢。40多个岛屿和700多座桥梁把这个城市连接了起来。因此也有'北方威尼斯'的美誉呢。可惜我们来得不是时候，如果是每年的5月至8月，城市中几乎没有黑夜，'白夜'时我们照常可以漫步、打闹、嬉戏，还能望着蔚蓝天空的北极光，那感觉犹如在梦境中一般呢。你们可不得玩疯了。"大胡子叔叔说道。

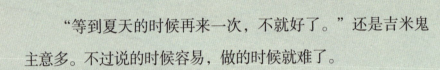

　　"等到夏天的时候再来一次，不就好了。"还是吉米鬼主意多。不过说的时候容易，做的时候就难了。

　　"不能享受到'白夜'也没有什么大不了的，因为这里有很多著名的建筑等着你们去参观呢。"大胡子叔叔安慰吉米说。

　　"彼得保罗要塞、彼得大帝夏宫、斯莫尔尼宫、冬宫等建筑都高贵又典雅，是18世纪到19世纪时期建造的呢。冬宫就位于圣彼得堡的广场上，我们顺路去看看。"大胡子叔叔的这一提议立即得到了响应。

　　来到了广场，怎一个"大"字形容得了呢！这里用各种各样的石头把宫殿四周装饰得五彩缤纷，富丽堂皇。宫殿四周有两排柱廊，更是气势雄伟。为了纪念俄国抗击拿破仑的胜利，设计师还在冬宫的中间竖立了一个巨大的亚历山大圆柱呢。此圆柱全部用花岗石塑成，顶尖建有十字架和天使，它脚踩着一条蛇，是战胜了敌人的象征。

　　"这里居然还有好多书啊！"花花惊奇地说道。

　　"是的，冬宫本来是昔日的沙皇皇宫，但是二月革命以后就被资产阶级占领了。在叶卡捷琳娜二世的统治时期，它一直是这位女皇的私人博物馆。女皇又酷爱书和艺术品，在她即位的前10年就购置了2000多幅名画。冬宫里面还藏有各

个国家著名作家的藏书，有卢梭、伏尔泰等。"大胡子叔叔解释说。

冬宫总建筑面积4.6万平方米，占地9万平方米，只是看就很累了。此刻孩子们探险的激情被饥饿所笼罩了，谁也没有心情再走下去了。

所以大胡子叔叔再次提议休息一下。不过大胡子叔叔可没有闲着，他又给孩子们讲起了这座城市的体育价

值："圣彼得堡仅体育专业学生就有7.3万人，这座城市每年举办1000多项体育赛事。从1993年到2008年，圣彼得堡的运动员们在国际和欧洲的重大体育比赛中取得220多枚金牌。"

第17章　关于茶的故事

大家准备去喝水，可是吉米说什么也不想再喝白开水了，非吵着要喝俄罗斯的饮料，才不枉来过这里。

大胡子叔叔没有办法只能给他介绍了一种含低度酒精的饮料，非常解渴，而且能够

迅速地帮助人们恢复体力，使人长时间保持良好的精神状态。这个饮料就是格瓦斯。

吉米听后，立即去买了一瓶回来，但是一喝才感觉这个味道不是他想要的。虽然味道香甜，但总感觉少了一些什么。

大胡子叔叔问道："味道还好吧？"

吉米说道："差远了，总感觉不是那么解渴呢。"

喝茶总

"这就对了，因为这是俄罗斯人喜爱的独特口味。你想要的那种味道是你已经喝习惯的味道，这个味道就是茶的味道。由于我们在中国待的时间太长了，习惯了喝茶也喜欢上了喝茶。"大胡子叔叔给吉米解释到。

"原来是这个样子啊，那俄罗斯的茶和中国的茶有什么区别啊？"吉米问道。

"俄罗斯的茶文化源自于中国，所以说俄罗斯的茶的灵魂和中国茶的灵魂是一样的。不过茶文化

人
配上甜点

在俄罗斯已经盛行了很多年，所以总有一些改良。"大胡子叔叔解释道。

"改良？他们是怎么做的呢？"映真喝足了白开水，忍不住插嘴进来。

"俄罗斯人的改良当然是从他们的生活习惯入手的。他们喝茶总是要配上甜点，这就是所谓的茶点。俄罗斯地区很寒冷，他们要摄取更多的热量，这就和中国人饮茶慢慢饮、慢慢喝不同了。中国人饮茶多为解渴、提神亦或休闲、待客，而俄罗斯人则是把饮茶当作正餐之一。有的时候他们喝茶也是给自己一个思考的机会，在茶与我之间进行深思。"大胡子叔叔说道。

"没想到，一个普普通通的茶，俄罗斯人竟能喝出这么多门道来呢。"映真对此很是惊讶。

"这些都不算最奇怪的呢！他们还有和我们传统的喝茶习惯不一样的地方呢，那就是喜欢喝甜茶。"大胡子叔叔说道。

花花对一切甜的东西都很喜欢，于是按照大胡子叔叔的要求，把糖放进了茶水里，搅拌均匀后尝了一口："果然与众不同，既有茶的味道又有甜甜的感觉"。

　　"喜欢甜食的人，自然不会讨厌这种茶。"吉米好像很能理解花花。

　　"喝甜茶除了把糖放在茶里外，还有把糖含在嘴里，或者干脆是看糖喝茶，既不把糖搁到茶水里，也不含在嘴里，而是看着或想着糖喝茶。"大胡子叔叔补充道。

　　"看糖喝茶的方式怎么这么奇特呢！"花花奇怪地问道。

　　"这还不算最奇怪的呢！在俄罗斯的乡村里，人们

味道好极啦！

喝茶习惯把茶水倒进小茶碟，用手托着茶碟，并且带着声音喝进去，那个滋味可真美妙啊！有时人们还要蘸当地人自制的果酱呢。"大胡子叔叔介绍说。

"俄罗斯人喝茶的习惯原来这么有趣啊。能把茶喝到这么美滋滋的地步，看来俄罗斯人是真的喜欢茶了。"花花对大胡子叔叔说的话表示赞同。

"是的，孩子们。他们不仅喜欢琢磨茶还喜欢琢磨喝茶的茶具。俄罗斯的茶具有各种各样的形状，材质也各有不同，有陶瓷的、玻璃的，更多的俄罗人喜欢铜制的茶具。俄罗人用完茶以后，为了保持茶具的光泽，会用专制的布蒙在上面。"大胡子叔叔说道。

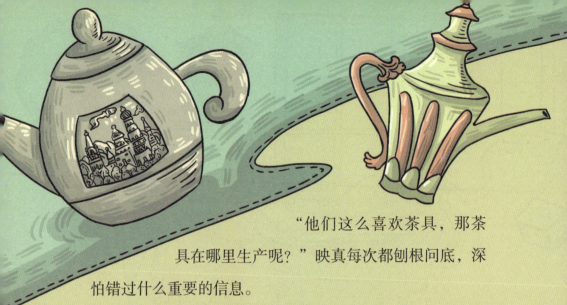

"他们这么喜欢茶具，那茶
具在哪里生产呢？"映真每次都刨根问底，深
怕错过什么重要的信息。

大胡子叔叔当然不能被映真的问题难倒啊："俄罗斯最
有名的茶具是图拉州生产的，它们是用银、铜、铁等各种金属
原料和陶瓷制成的。随着工艺的进步，工匠师们还把茶具的把
手、支脚和龙头雕铸成金鱼、公鸡、海豚和狮子等栩栩如生的
动物形象。随着时代的发展，出现了类似于暖水瓶那样的保温

茶具。该茶具内部为三格，第一格盛茶，第二格盛汤，第三格还可盛粥。我们相信俄罗斯的茶具也会越来越先进的。"

孩子们听大胡子叔叔说了这么多关于茶的知识，口水都流出来了。俄罗斯的茶到底怎么样？还得要亲自品尝一下呢。

这不，大胡子叔叔带着孩子们去喝茶了……

第18章　再见了，俄罗斯大餐

　　就要离开俄罗斯了，可是还没有好好地享受一下俄罗斯的美食呢。大胡子叔叔决定带着小朋友们去美美地

吃上一顿，然后再上路。

　　孩子们得知这个消息以后都特别高兴，花花说："哇，这次能够品尝到正宗的俄罗斯美食，真是没有白来一趟。"

　　映真紧跟着说道："你这个吃货，就知道吃。我们要通过他们的美食来了解当地的生活习惯呢。"

　　吉米附和道："映真说得一点儿也没有错呢，那我们就赶紧去吧。"

　　大胡子叔叔说道："俄罗斯人很讲究，俄罗斯的美食就更讲究，俄式大餐在世界上都相当出名呢，如果这次不好好地品尝一下，那我们可亏大了。"他停顿了一下说道，"我们首先要从什么开始呢？女士优先，花花你想吃什么呢？"

带你们去享受俄罗斯美食！

113

花花想了一下说："我想吃正宗的俄式大列巴，还有俄式香肠、牛肉、羊肉、牛排和罗宋汤，最后还想品尝一下俄罗斯著名的伏特加酒。"

映真说道："你这么小的肚子能放得下这么多东西吗？再说了，小孩子是不能喝酒的，伏特加的酒劲很大，你可别乘不了飞机啊。"

大胡子叔叔笑着说："你这个小馋猫，别着急！我们一样一样来，肯定都会吃到的。不过这个酒嘛，就算了！你们都是小孩子，不能饮酒。"

他们来到了俄罗斯的一个星级饭店，就按着花花说的那样，先从大列巴开始品尝俄罗斯美味了。

大胡子叔叔介绍说："大列巴看起来有半个足球那么大。外壳很坚硬，它是按古老的俄罗斯配方，用啤酒和鲜奶经过三次发酵，用先进的烘焙技术制作而成的。"

"好了，上来了，可以吃了！"花花可顾不上淑女的形象了，朝着大列巴撕了一大块，"酸中有一点点甜，甜里还有那么一点点的香，这就是正宗的俄罗斯风味吗？"

说话间，大胡子叔叔也撕下来了一块："这就是正宗的俄罗斯风味。孩子们，你们慢慢地享受吧。"说完，大胡子叔叔就把这一整个大面包都推到了孩子们的面前。

孩子们都毫不客气地吃了起来，不过不能着急，因为重头戏往往都出现在最后。"你好，这是正宗的俄式香肠。"随着

115

服务员的这一声提醒，孩子们才从对俄式大列巴的陶醉里清醒过来。

经过厨师们烹饪过的香肠，味道更加鲜美！看来大胡子叔叔的做法是对的，每样食物只能吃一点点，要不到了最后，肚子里就没有地方可以装得下其他的东西了。

就数俄式薄煎饼等的时间最长了，不过也应了那句老话：

好饭不怕晚。外香里嫩的薄煎饼配着切得更薄的三文鱼，这个时候恐怕没有人不流口水了。

吃着吃着，大胡子叔叔就发现了问题。俄罗斯美食的吃法并不是这样的，再这样吃下去，孩子们以后都对俄罗斯大餐的就没有一个正确的认识了。

于是，大胡子叔叔喊道："等一下，孩子们。我们刚刚的吃法，纯属乱吃一通，其实俄罗斯也是有自己的美食习惯的。就像中国有中国的饮食习惯、美国有美国的饮食习惯一样。"

孩子们顿时停了下来，听大胡子叔叔说道，"对于俄罗斯人来说，正餐是很讲究的，分为冷菜、汤、主菜和饭后甜点，

汤类

冷菜

而且这几步都是按着顺序来的。"

"俄罗斯人吃个饭也这么麻烦呢！我们国家直接吃肯德基，方便快捷，岂不是更省事吗？"吉米面对这么繁琐的步骤不禁发起了牢骚。

"吉米，每一个国家都有自己的传统，我们来到这个国家一定要入乡随俗呀！"大胡子叔叔给吉米解释道。

"快给我们说说，这几个步骤都吃些什么啊？大胡子叔叔。"花花还是想吃，所以她先开了口。

"冷菜一般就是沙拉，比如说水果沙拉、蔬菜沙拉。这些东西放在前面吃是开胃的。俄式的冷菜样式很丰富，不仅有沙拉，也有凉拌菜，比如说鸡蛋冷盘、肉冻和鱼泥等。酸、甜、辣、咸各味俱全。第二步是汤类。比如说红菜汤、水果汤和奶汤，这些东西都讲究原汁原味。先喝一些汤，不至于后面吃的太多，所以这些东西具有保护胃的作用。第三步就是主菜了。俄罗斯的主打菜就是肉类，比如说牛排、鸡腿和羊肉等。其中，土豆炖牛肉是俄罗斯人最喜欢也最常见的美食了，把土豆块和青椒、牛肉一起煮，然后放些黑胡椒、葱、蒜、醋等，起锅时撒点香菜。这道菜有蔬菜也有肉类，很受俄罗斯人的欢迎。一会儿呢，我们也品尝一下这道菜。最后一步就是甜点了，为了滋润一下吃饱了的肚皮，这个时候可以喝个咖啡，或者吃个你们都喜欢吃的冰淇淋。"大胡子叔叔说道。

孩子们一听说能吃到冰淇淋，都兴奋了起来。在这个寒冷的国家太久没有吃到冰淇淋，孩子们都很渴望呢。

主菜

甜点

　　大胡子叔叔也看出了孩子们的想法："我刚刚说到的这些吃法，如果你们都能按着顺序来的话，就奖励给你们每人一根哈根达斯哦。"

　　很久没有吃到哈根达斯了，孩子们此时更加兴奋了，都努力地回忆刚才大胡子叔叔说的吃法，碰到自己爱吃的东西的时候，居然都能按照正确的吃法去享受美食了。大胡子叔叔也按照刚才的承诺，奖励每人一根哈根达斯了呢。

　　这次可吃饱喝足了吧！大胡子叔叔仍然不能让他们再去疯闹，马上就要到飞机起飞的时间了，万一走掉了一个，岂不是麻烦大了。

所以大胡子叔叔又给三个孩子讲起了俄罗斯饮食中的

知识：“俄罗斯人把自己的饮食分为'五、四、三'，它们分别是'五大领袖''四大金刚'和'三剑客'”。大胡子叔叔一看孩子们的表情就知道了，孩子们对"五、四、三"的说法很是迷惑呢。大胡子叔叔又给他们讲了起来，"面包、牛奶、奶酪、土豆和香肠就是俄罗斯美食中的'五大领袖'；'四大金刚'包括圆白菜、葱头、胡萝卜和甜菜；而传说中的'三剑客'指的则是黑面包、鱼子酱和伏特加。虽然俄罗斯的食材不是很多，但是都很独特呢。"

孩子们刚刚吃饱，食欲又被大胡子叔叔绘声绘色的描述给勾起来了，花花嚷道："我还没有喝到罗宋汤呢，也没有吃到牛排呢！

经过花花这么一喊，大家都觉得有些遗憾呢。不过飞机马上就要起飞了，这次是真的得跟俄罗斯说"再见"了。

大胡子叔叔一行人留给了俄罗斯一个背影，上了飞机，去下一个国家探险去了……